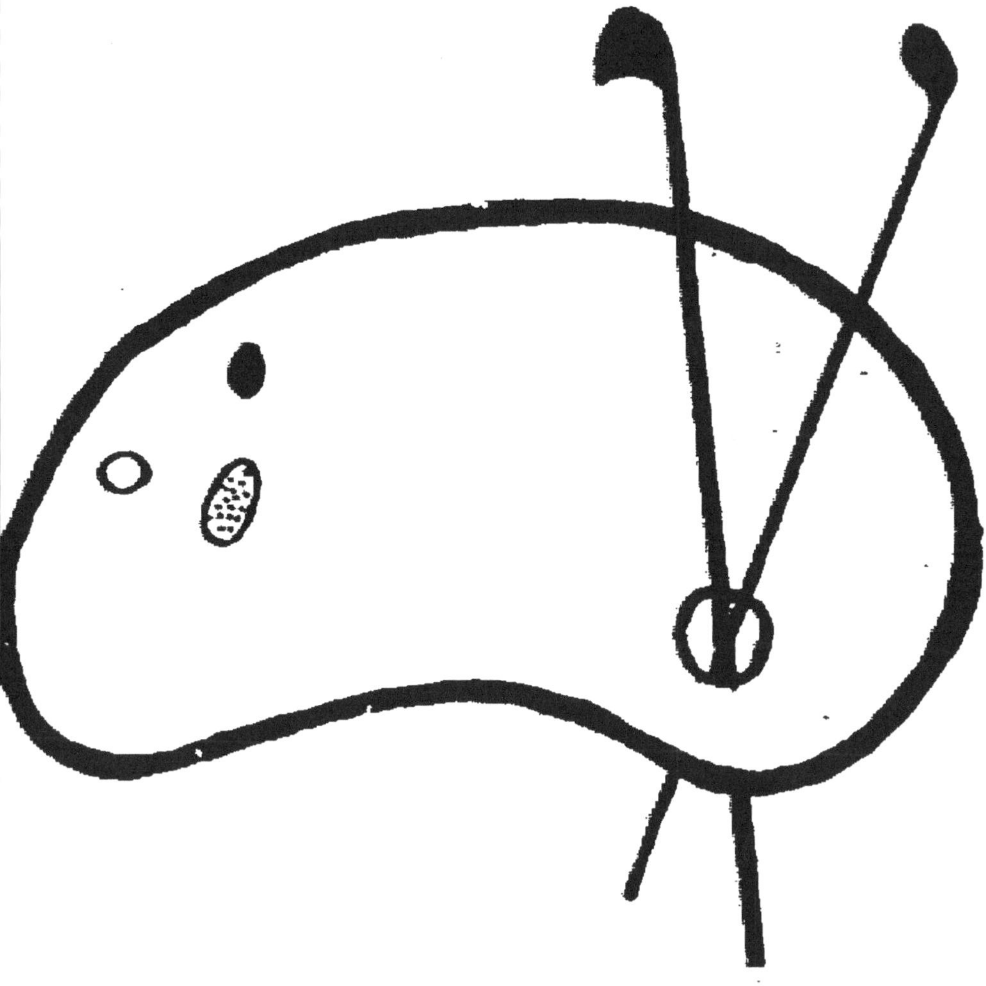

DEBUT D'UNE SERIE DE DOCUMENTS EN COULEUR

FABRE DES ESSARTS

La Clef d'Or

BIBLIOTHÈQUE UNIVERSELLE

DU MÊME AUTEUR

En Prison, saynète à deux personnages. — Bricon, 10, rue de Tournon, Paris.

La Chanson des couleurs. — Beaudelot, 10, rue de Verneuil.

Humanité. — Alphonse Lemerre, passage Choiseul, Paris.

Pour tous les âges. — Barbou, Limoges.

POUR PARAITRE :

Feuilles et Fleurs, Scène mystique.
Chez les Anges, Drame céleste.

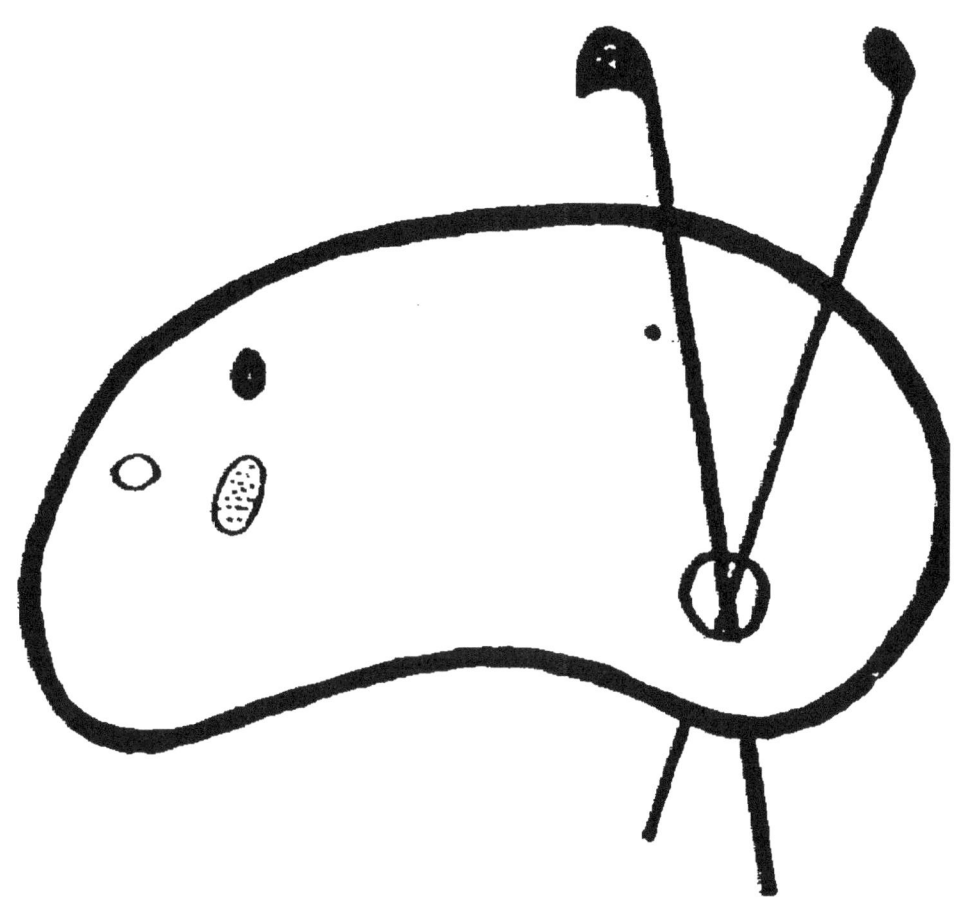

FIN D'UNE SERIE DE DOCUMENTS
EN COULEUR

LA CLEF D'OR

FABRE DES ESSARTS

La Clef d'Or

Drame symbolique en deux tableaux, joué sur le théâtre de l'École Ozanam, le 14 mai 1892.

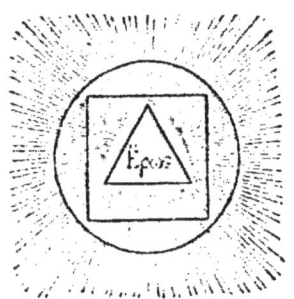

BIBLIOTHEQUE UNIVERSELLE

A.-M. BEAUDELOT
Imprimeur-Éditeur
Paris, 16, rue de Verneuil

DU MÊME AUTEUR

En Prison, saynète à deux personnages. -- Bricon 16, rue de Tournon, Paris.

La Chanson des couleurs. -- Beaudelot, 16, rue de Verneuil.

Humanité. -- Alphonse Lemerre, passage Choiseul, Paris.

Pour tous les âges. -- Barbou, Limoges.

Pour Paraitre :

Feuilles et Fleurs, *Scène mystique.*
Chez les Anges, *Drame céleste.*

A LA MÉMOIRE

De mon cher petit Paul et de son excellent camarade
Ernest Cavillier

J'avais pensé créer, — c'était du moins mon rêve ! —
Un drame plein d'aurore et de vers étoilés,
Mais mon pieux effort en deuil amer s'achève ;
Peccator, Suavis, mon fils et mon élève,
Vous voilà tous les deux à jamais envolés !

Le théâtre choisi pour ma scène dernière,
C'était l'ardent séjour où tout chante et sourit,
Et tous deux y planaient, revêtus de lumière,
Dans la béatitude aux anges coutumière,
Quand tout à coup le ciel, — le vrai ! — pour eux s'ouvrit.

Seigneur, que reste-t-il de ces heures sacrées ?
Hélas ! ce qui survit pour nous, d'un songe heureux :
Là-bas, sous les vieux ifs aux branches éplorées,
Deux pères éperdus et deux mères navrées,
Là-haut, deux chérubins qui veilleront sur eux !

F. E.

DISTRIBUTION

PERSONNAGES

Peccator...	MM.	Ernest Cavillier.
Christian.. Pius.....	}	Charles Geoffroy.
Gilbert....		Paul Monconduit.
Olivier...		Paul Morlière.
Alain....		Georges Warenghem.
Romain...		Henri Coquinet.
René....		Robert de Besse.
Méderic...		Edm. Sokoppe de Zabrouski.
Wilfrid...		Georges Hooker.
Sylvère...		Raoul Lavirotte.
Amans....		Henri Deraisin.
Fidelis....		Georges Vassent.
Clarus....		Charles Grémion.
Suavis....		Paul Fabre des Essarts.

MM. Albert Delhaye........
    André Pipaut........
    Maurice Gautier.......
    Jules Dubuisson........
    André Després........ } CHŒUR
    Henri Martinet........
    Marcel Remondon...... des Communiants
    Albert Hooker.......
    Alfred Bestron.......
    Remi Constantin.......
    René Comte.........

MM. Ernest Roustan . . . . . . ⎫
    Jules Bernard. . . . . . . ⎪
    Lucien Mathieu . . . . . . ⎪
    Jean Fragerolle. . . . . . ⎪
    Marcel Manen. . . . . . . ⎪
    Albert Morlière . . . . . ⎬ CHOEUR
    Georges Berger . . . . . . ⎪
    René Le Cointe . . . . . . ⎪ des Anges
    Maurice Juge . . . . ⎪
    Ernest Capdeville . . . . ⎪
    Lucien Ogliastro . . . . . ⎪
    Pierre Donnot. . . . . . . ⎪
    François Saléta. . . . . . ⎭

LA CLEF D'OR

1ᵉʳ TABLEAU

SUR TERRE

(GILBERT *et ses petits camarades cueillent des fleurs, sur le devant de la scène*).

GILBERT.

Et ta cueillette, ami, s'avance-t-elle ? Moi
J'ai de très belles fleurs, déjà : vois donc !

OLIVIER.

　　　　　　　　　　　Un roi
Certes n'a jamais eu moisson plus copieuse.

GILBERT.

C'est pour des rois aussi, car l'escorte pieuse
De nos petits amis, les chers communiants,
Bientôt va s'avancer au bord des prés riants
Et nos mains sur leurs pas sèmeront ces corolles.

ALAIN.

Et nos cœurs trouveront mille douces paroles
Pour bercer leur extase et chanter leur bonheur.

ROMAIN.

Et nous crierons : Vivat aux élus du Seigneur !
Mais tenez, les voici, je crois.

RENÉ.

Non pas encore !
Cueillons des fleurs !

TOUS.

Cueillons !

(On aperçoit dans le fond de la scène un vieillard très courbé, longue barbe blanche, longs cheveux flottants, un bâton à la main).

MÉDÉRIC.

Sous le gros sycomore,
Regardez donc là-bas ce vieux homme. On dirait
Quelque chêne effrayant sorti de la forêt,
Qui marcherait vers nous.

SYLVÈRE.

Oui, je vois !

WILFRID.

Il approche :
J'ai peur !

GILBERT.

Peur ? et de quoi, poltron ?

ROMAIN.

                                Sous cette roche,
Allons nous cacher. Viens ! Venez tous !

GILBERT.

                                     Après tout,
On n'est jamais bien sûr...

RENE.

                    En ce pays surtout.

SYLVÈRE.

C'est un sorcier sans doute...

ALAIN.

                  Ou peut-être le diable.

(*Les enfants se blottissent derrière une touffe de verdure, tandis que Peccator s'avance vers les spectateurs*).

PECCATOR.

Et quoi toujours maudit et fui ! Sort effroyable !
Jamais un doux regard et pas une amitié !
Pas même cette simple et banale pitié
Que les plus vils pécheurs rencontrent sur leur route ;
Ton prêtre, ô Jésus-Christ, m'évite, et la déroute
Est au camp des enfants, quand l'un d'eux m'aperçoit ;
Mon mets quotidien, c'est l'herbe, et quel que soit
Le temps, les durs cailloux du torrent sont ma couche ;
Chaque jour il me semble, en mon rêve farouche,
Que quelque abyme affreux sous mes pieds va s'ouvrir,
Que je vais y rouler et cesser de souffrir.
Mais rien ne vient calmer ma douleur infinie ;
Toujours la même lente et cruelle agonie

Est là qui me tenaille en ses bras impuissants.
Et je meurs cette mort depuis dix neuf cents ans.

GILBERT.

Depuis dix neuf cents ans ! Que dit-il ? La folie
Sans doute a remplacé sa raison abolie.
C'est égal, ce n'est pas très rassurant. Partons.

(Les enfants quittent la scène).

PECCATOR.

O cieux qui sur nos maux dressez vos bleus frontons,
Soleils, étoiles d'or, anges de Dieu, saints anges,
Vous qui passez la vie à chanter ses louanges,
Oh ! dites à la fin, est-ce qu'on graciera
Ce criminel d'un jour qui vingt siècles pleura ?

(PECCATOR *demeure un moment absorbé dans ses souvenirs, puis il reprend)* :

Oui, le crime fut grand, oui, ce jour fut horrible :
Le Golgotha tonnait, radieux et terrible,
Le Christ avait jeté son *Consummatum est*,
Et du Nord, du Midi, du Couchant et de l'Est,
Heurtant le pied du mont de ses vagues funèbres,
Montait lugubrement une mer de ténèbres ;
Il était là, le Dieu, le Sauveur des humains,
Tout blanc sur le ciel noir, étendant ses deux mains,
Comme pour nous bénir, dans un geste suprême ;
Alors sans mesurer l'implacable anathème,
Qui durant si longtemps devait peser sur moi,
Sans même que mon cœur sentît le moindre effroi,
Poussé par je ne sais quelle atroce démence,
Entre mes doigts crispés, je saisis une lance,
Et, l'écume à la lèvre, immonde, l'œil en feu,
J'accourus la plonger dans le sein de mon Dieu !

(Une musique céleste se fait entendre ; Peccator écoute, en proie à une extase profonde).

Les Voix :

O parfums ! O doux cinname !
Jésus règne ; il est vainqueur !
Le soleil est dans mon âme ;
Le Très-Haut est dans mon cœur !

Adieu les chagrins moroses
Et la tristesse et les pleurs ;
Sur mes pas semez des roses ;
Aubépins, neigez vos fleurs !

O parfums ! O doux cinname, etc.

Peccator.

O ciel, je les entends : ce sont eux ! Frais mystère !
O chers communiants, beaux anges de la terre !
Si du moins je pouvais les voir, les approcher,
Peut-être le Très-Haut se laisserait toucher
Par un de leurs regards tombant sur ma pauvre âme ;
Mais non ! Je suis maudit. L'enfer est dans la trame
De mes jours, et mon crime est fait de tant de nuit,
Que l'innocence même et me hait et me fuit

(Les jeunes communiants défilent deux à deux dans le fond de la scène ; Peccator les contemple avec ravissement).

Les voici ; comme ils sont gracieux et modestes ;
Dans leurs regards d'enfants que de reflets célestes,
Que de divins rayons à leurs fronts de chrétiens !
Si je pouvais briser mes sinistres liens,
Si j'osais !

(Il s'agenouille et tend des mains suppliantes)

Beaux enfants ! Doux chérubins !... Ils passent,
Sans me voir, sans m'entendre... Ah ! mes remords se lassent
Et je sens qu'à la fin...

(Pendant que Peccator reste absorbé dans son désespoir, un petit communiant s'est détaché du défilé et s'avance vers le vieillard qui ne l'aperçoit pas).

CHRISTIAN.

Dieu ! comme il doit souffrir !

PECCATOR

Si je pouvais mourir ! Si je pouvais mourir !...

(Peccator aperçoit Christian.)

CHRISTIAN.

Votre misère, ami, me semble bien cruelle ;
Dites-moi si je puis quelque chose pour elle,
Car en ce jour béni fait d'azur et de miel,
Je sens mon petit cœur si grand, si près du ciel,
Si rayonnant d'extase et si plein d'amour tendre,
Que je voudrais l'ouvrir et pouvoir le répandre,
Sur tout ce qui gémit dans l'immense univers.

(Pendant que Christian parle, les petits enfants graduellement rassurés rentrent peu à peu sur la scène).

PECCATOR.

Merci, blond Séraphin ! Les maux que j'ai soufferts,
Le remords qui m'étreint et le fiel qui m'abreuve,

C'est mystère pour toi, mais l'on ferait un fleuve,
Enfant, sache le bien, des pleurs que j'ai versés ;
Pour moi, jeune chrétien ! ce sera faire assez,
Et mon cœur à jamais bénira ta prière,
Si seulement, ce soir, en fermant ta paupière.
Dans le fond de ton âme, au parfum lilial,
Tu dis : « Pitié, Jésus ! pitié pour Bélial ! »

CHRISTIAN.

S'il peut tenir à moi que votre sort s'allège,
Comptez sur ma prière, et que Dieu vous protège !

(Christian s'éloigne)

ROMAIN.

Tout ça, c'est bien étrange et bien déconcertant.

RENÉ.

Ne nous laissons pas voir ; restons ici,

MÉDÉRIC.

Pourtant
Si ce vieil homme était réellement le diable
Il aurait un aspect autrement redoutable.

GILBERT.

Il n'eût point prononcé le saint nom du Sauveur.

PECCATOR, *(attirant d'un geste affectueux les petits enfants, qui se groupent autour de lui).*

Petits, ne craignez rien. En ce jour de ferveur,
Il est loin de ces lieux, le démon qui nous tente ;
Vivez purs, doux et bons, dans la pieuse attente

De l'aurore prochaine, où comme ces enfants.
Vos frères, vous viendrez, joyeux et triomphants,
Conquérir votre place à la table mystique ;
Et si quelque pécheur, au pied du saint portique,
Ce jour-là, chérubins, s'attachait à vos pas,
Si vos yeux étonnés et ne comprenant pas,
Voyaient ses vieilles mains dans le râle se tordre,
Et, semblable au fracas de la vague en désordre,
Sa poitrine éclater en orageux sanglots,
Et ses pleurs intaris rouler comme des flots,
Enfants, sans demander sous quel poids il succombe,
Ni quel nom l'avenir gravera sur sa tombe,
Oh! faites, comme fait le soleil du bon Dieu,
Qui brille, sans chercher, à connaitre en quel lieu,
Rayonne sa chaleur et s'épand sa lumière :
Sur ce cœur ténébreux versez votre prière !

(La toile tombe).

2ᵉ TABLEAU

AU CIEL

(Plastiquement groupés, les anges écoutent avec ravissement un chant de la terre.)

Quand l'eau sainte du baptême, etc.

AMANS.

Frères, entendez-vous ces voix mystérieuses ?
On dirait les soupirs caressants et berceurs
    Que sous nos voûtes glorieuses
Murmurent, en dormant, les étoiles, nos sœurs.

FIDELIS.

Ou plutôt on croirait, en de magiques plaines,
Où s'harmoniseraient bruits, parfums et couleurs,
    Ouïr les chantantes haleines
D'un chœur mélodieux fait de vivantes fleurs.

CLARUS.

Où peut-être l'écho des sonates ailées,
Qu'au bord d'un lac de moire ourlé de frais roseaux,
    Exhaleraient sous les feuillées
Ces joyeux soprani du bon Dieu, les oiseaux !

Suavis.

Etoiles, fleurs, oiseaux, c'est tout cela mes frères,
Car en ce divin jour, tout un riant essaim
D'angéliques enfants entourés de leurs mères,
    Et pressés sur leur sein,
Ont vu s'ouvrir pour eux le plus grand des mystères !

Des étoiles leurs yeux ont les clairs rayons d'or,
De la fleur embaumée, aux corolles de flamme
Leur cœur a l'enivrant et candide trésor,
    Et leur blanche et belle âme
Des oiseaux du Seigneur a le sublime essor !

Mais plutôt, mes amis, demandez à leurs anges,
Dont j'aperçois là-bas les joyeuses phalanges ;
D'ailleurs voici l'un d'eux.

(Entre Pius).

Pius.

    Ainsi que tu le dis.
C'est fête sur la terre : il faut qu'au paradis
Ce soit triomphe, et comme, il n'est plus douce ivresse,
Pour nos cœurs que de voir au séjour d'allégresse
Monter purifiée une âme de pécheur,
Amis, j'ai ceint d'aurore et vêtu de blancheur
L'âme la plus impure et vers vous je l'amène.

Suavis.

C'était déjà pour nous extase souveraine
Que de voir ces enfants si rayonnants de foi,
Mais pour combler nos vœux, qu'as-tu fait, dis-le moi ?

Pius.

Un de ces chers petits, dont la jeune âme tremble

Au seul écho du mal (on dit qu'il me ressemble)
A donné sa prière et j'ai fait de ce don
Le breuvage lustral, qui verse le pardon !

AMANS.

Qu'il entre ce proscrit qu'amnistia la grâce !

PIUS.

Il est là.

(Entre Peccator, costumé en soldat romain, casque en tête; de la main droite il tient une lance tachée de sang).

FIDELIS *(avec effroi)*.

Mais il tient une lance !

CLARUS *(même jeu)*.

Une trace
De sang s'y voit encore !

PIUS *(avec un geste d'apaisement)*.

Anges, inclinez-vous ;
C'est le sang du salut. Il a coulé pour tous,
Même pour l'insensé dont la main criminelle
Le répandit. Et moi, de la pointe cruelle
De ce fer, j'ai créé trois rayons de soleil.

(Il touche le fer de la lance, qui disparaît et fait place à trois rayons d'or).

Et j'ai fait de son bois naître un rameau vermeil

(Il fait surgir un rameau d'or qu'il met dans la main de Peccator. Un orchestre exécute en sourdine la musique du 1ᵉʳ Tableau):

O parfums! ô doux cinname! etc.

PECCATOR.

Je les entends les voix célestes!
O clémence du roi des rois,
Oui toujours tu te manifestes
Pour qui pleure au pied de la croix!

O Jésus, ta grâce féconde
A coulé sur mon repentir,
Et sous ta bonté qui m'inonde,
Je te bénis, ô Dieu martyr!

Anges saints, déployez vos ailes;
Du fond des sept cieux accourez,
Que sous vos doigts pleins d'étincelles,
Vibrent les théorbes sacrés!

Je veux à vos hymnes de gloire,
Mêler mon hymne de bonheur,
Et chanter le chant de victoire,
Que mon amour doit au Seigneur,

Et si jamais quelque âme sombre
Dans le péché tombe et s'endort,
A cette captive de l'ombre
Dites qu'il est une clef d'or ;

Qu'il est une douce harmonie,
Un exquis et suave encens,
Une humble voix toujours bénie,
Dont le ciel entend les accents,

Une clarté resplendissante,
Qui des ténèbres fait le jour,
Une liqueur toute puissante,
Qui change la haine en amour !

Dites-lui que cette lumière,
Que ce baume vivifiant,
Que cette Clef, c'est la prière
D'un tout petit communiant !

(*La Toile tombe*).

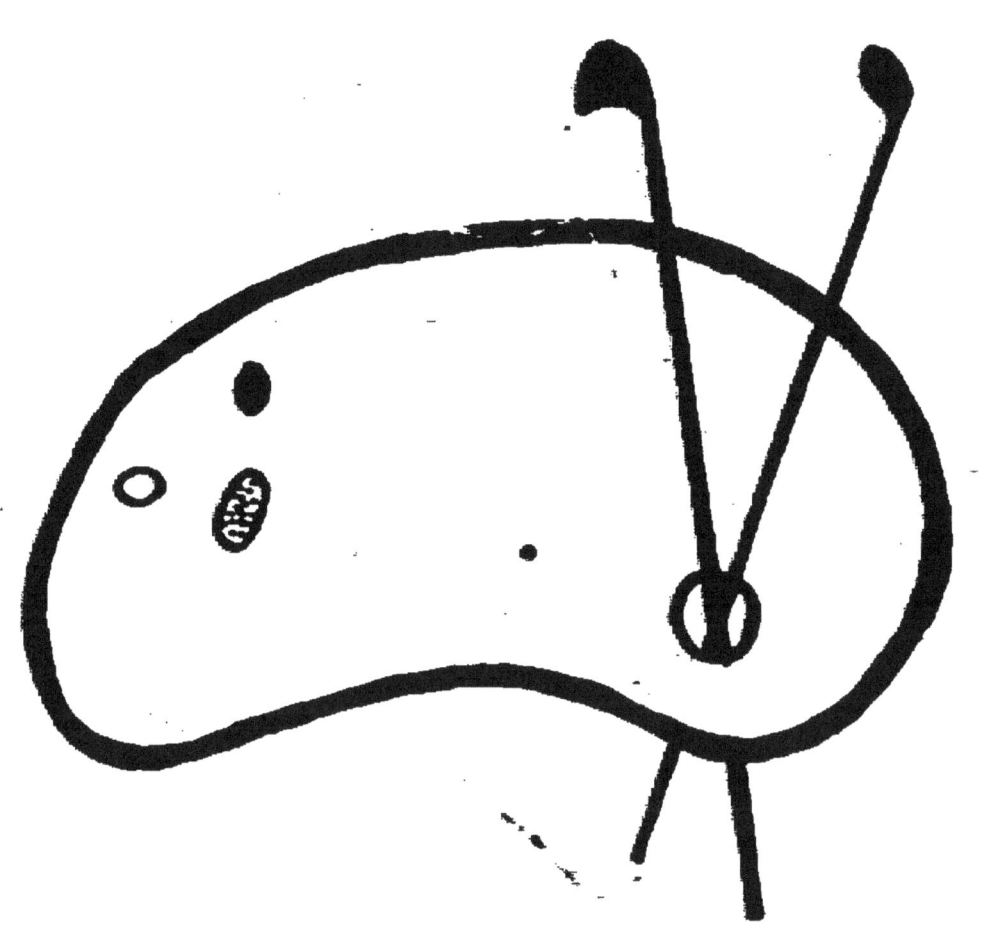

ORIGINAL EN COULEUR
NF Z 43-120-8

www.ingramcontent.com/pod-product-compliance
Lightning Source LLC
Chambersburg PA
CBHW060614050426
42451CB00012B/2245